Paul Gisi
Tanz in der Muschel
Liebesgedichte

Bibliographische Information der Deutschen National-
bibliothek: Die Deutsche Nationalbibliothek verzeichnet
diese Publikation in der deutschen Nationalbibliogra-
phie, detaillierte bibliographische Daten sind im Internet
über http://dnb.dnb.de abrufbar.

© 2023 Autor: Paul Gisi, op.133
Umschlagbild Ludwig Weibel
Herstellung und Verlag:
BoD – Books on Demand, Norderstedt
ISBN 9783756862009

Paul Gisi

Tanz in der Muschel

Liebesgedichte

Inhalt

Vorwort 5

I   Tanz in der Muschel 9

II   Orgelkorallen 27

III Rauschbeeren 37

Vorwort

Winde, Luftströmungen, Wellen, Zittergras, Brandungsgeröll, Aurorafalter, Sternbilder: ich rede von Gedichten. Von Liebesgedichten. Die Namen der Schöpfung, der Geschöpfe zu *nennen,* das ist schon POESIE.

Von Winden, Sternen, Lurchen, Fischen, Blumen nur schon zu reden, ist eine Liebeserklärung ans Leben. *Alles* in meinen Gedichten ist Liebe, jubelnd singend, vom Schweigen berührt und existenziell erschüttert.

Was für ein Liebestaumel: Rosenklee, Kiemenfüsser, Seeschlangen, Sandkrebse, Meteore aufzuzählen, über Milchstrassen zu wandern, *vor dem Abgrund im Schaukelstuhl zu sitzen und zu singen.* Da ich das liebe, schrieb ich *«Tanz in der Muschel».*

Zusammenhänge zu SEHEN, stets verwandelt, in irren Traumassoziationen die kompromisslose Nacktheit des Lebens, des Erkennens in den Formen und Farben der menschlichen Existenz darzustellen; sich der Evidenz der Daseinslust anzunähern, Schöneres gibt es nicht.

Gedichte sind Liebeserklärungen ans Sein, ans Leben, an den Atem, an die Schönheit, an die Lust, an die Schöpfung, an die Geliebte, an den Geliebten. Eine existenzielle Erregung. Durcheinanderwimmelnde Schwärme von Insekten, Heringen, Zugvögeln, kosmischen

7

Lichtbrüchen, Sternrotationsachsen, Kelchwürmerträumen. Ob «gross» oder «klein», im Prisma des lichtdurchlässigen Liebesgedichts funkelt die Melodie, irrlichtert das Ineinanderfallen zweier Menschen, steigt der Gesang auf in der FREIHEIT, die unersetzbar ist – grenzenbefreit in den Gedanken und Gefühlen.

Leben ist Liebe ist Tanz ist Gesang in der Muschel: *Konkret* in der Begeisterung, in der Ferne, leidenschaftlich unerreichbar nah.

Paul Gisi

Allein mit dir zu sein
ist ein Zusammensein
mit Sinfonien Blumen
Fischschwärmen
Milchstrassensonnen
MIT SAMTIG SCHIMMERNDEN
AKKORDEN
DER LIEBE

I
Tanz in der Muschel

WIR BRENNEN
SCHWEIGEN
UNS ANBETEND

MIT ROSENÖL
SALBE ICH
DEINEN KÖRPER

.

Ich bete dich an
FREIGEIST
Korallenrot Muschellust
Mandolinenhüfte
ich singe das glimmrige Glissando
deines Körpers
verneige mich
vor dem Rotschnabeltukan
dem Kugelhaufen Centauri
küsse dich
purpurroter Rosmarinseidelbast
bete trunken deine Lippen an

.

Hinter den Wellen
im Wissen des Nachtpfauenauges
von Tag und Nacht
die Barke der Sonne besteigen
mit dir Schwester
mit dir Bruder
Leben zu erleben
handinhand
in den Unbegreiflichkeiten

der Natur
der Träume

•

In der Handschale
der Luftsprung der Notenfähnchen
das Glück des Steins
die Ruhe der Farnkräuter

polyphon polymorph
DIE LIEBE
das Singen und Gestalten
das Trinken und Küssen

reden schweigen umarmen
den Orgasmus feiern

•

Liebe als Inflammation
milchstrassengerippt
bei auswuchernden Schatten
wenn der Herzschlag stockt
und in der Ferne
Mozarts *Krönungsmesse*
das Universum aufglühen lässt

•

Absichtslos
BEI DIR SEIN
   im Kosmos
      der Riesenqualle

hinter der Täuschung
      so zu tun
      als wüssten wir mehr
      als die Steine

            •

                    Für Al-Sabi-des-Poissons

Rosenrot löwenzahngelb
fischschuppensilbern
die Notenschrift
am Himmel
LIEBE LIEBE
lacht und singt und pocht
A T M E T
tanzt auf deinen Lippen
taucht ab
in deine Träume
zur Sinnlichkeit der Igelwürmer
ZUR SCHÖNHEIT DES GEISTES
in die zeitlose Lust
mit dir zu sein

            •

Irrgeister kopulieren
in den Bibliotheken
mit dem Wahnsinn

falterblumig
sich auffächern
in der Transzendenz
in der Immanenz

Salomon singt unbeirrbar
Liebeslieder

.

Ozeanwellen Sternoratorien
Fischtänze Liebesträume
Spinngewebe aus Sein und Nichtsein
dir sei alles geschenkt

ALLES BIST DU

Orchesterklänge Winde
Wolken Zugvögel
Sonnenstrahlen in den Bäumen

DU BIST ES

verflochten in die Einzelteile
auf dem Weg
zur vollendeten Ganzheit
einer einsamen Träne

.

Ich bin mit dir dort
wo das Leben beginnt

im Fischauge im Sonnentanz
jede Stunde ist neuer Weltanfang
im Pokal der Lust des Rauschs

bunte Vögel ziehn vorbei
singen in fremden Sprachen
so schön kann alles sein

ein Lindenbaum
möchte die Wahrheit wissen
und fliegt zur Venus auf

ich fühle mich wurzelwohl
im unverständlichen Traum

.

Der Anachoret verirrte sich
in eine Love Parade
an der er grosses Gefallen bekam
er dachte das ist *ein Baustein* des Lebens
LIEBEN WIR UNS
zu zweit zu dritt zu Millionen

nachts rauchte der Anachoret seine Pfeife
und sang ein Liebeslied
D U   hast es gehört!

.

Ich bin was *du* bist
wir sind Universenakkorde
Liebesgesang der Fische
Sehnsuchtsbrände der Lust

mit dir lachen liebeserregt
in der Freiheit aller Möglichkeiten
im Gleichklang des Atems
im Blumenduft im Strömen der Winde
im Überwältigtsein der Orgelsinfonie
im Schweigen des Sternenstaubs

WIR SIND ENDLICH E I N S

.

Blumen tanzen
wie bunte Ballone
in der Muschel
die Sonne verneigt sich
vor dem kleinen Käfer

die Glut des Weins
rast durch mich
ich öffne die Fenster
und begrüsse die Nacht
stopfe meine Pfeife
mit Galaxien

singen tanzen lachen
umarmen küssen
im Weltall
sich zu lieben
in dieser Muschel

fortziehen einziehen
ins Perlmuttgehäusige
DIE HYPOTHESIS
VOR DEM SCHWEIGEN EINÜBEN

.

Mit Anaxagoras
sich zu fragen
wo das Wesentliche sei
mit d i r zu lachen
im Wind
im Wurzeltraum
mit Amor zu lieben
in den Sternen der Fische
als Vogel in glockigen Bäumen hocken
bei Joseph Martin Kraus
in den göttlichen Spinnfäden des Universums
in deiner kleinen schweissigen Hand
LEBEN ANBETEN

Sterne Fische Vögel Sonnen
M E N S C H E N
Arien von Vincenco Bellini
Sonette an Orpheus
das ganze Sein
sich in der Muschel treffen
und lieben

.

Manifest

Aus rochendunklen Träumen aufwachen
in die irrgleissenden Träume des Anschauns
von Heide Wasser Baum und Fels
die Instrumente des Denkens stimmen
Farben auswählen Formen ziehn
im Lebensspiel

Fragen und Antworten durcheinandermischen
verneinend den Kopf schütteln
und dennoch Ja sagen
weinen lachen lieben indifferent sein
in den Möglich- und Unmöglichkeiten
des Seins des Geborenwerdens des Sterbens
Kontinente umarmen
sich in die Umarmung der Sterne fallen lassen
Grenzen aufheben Boethius und Catull lesen
von Planet zu Planet hüpfen
Täuschungen Täuschungen sein lassen
Stunden ins Weinglas giessen
häuslich mit dem Unermesslichen leben
LIEBEN LIEBEN LIEBEN
Illusionisten als Anakreontiker
Atomphysiker Astronomen Anästhesisten
die Lesebrille auf die Umlaufbahn schicken
beseligt aufstöhnen in der Daseinslust
sitzen bleiben wenn alles sich bewegt und dreht
es gibt so viel zu tun
tun wir am besten nichts

•

Wolken überm Magellanschen Strom

wie ein Kuckucksweber
Zusammenhänge sehen
die Vielheit in der Bewegung
in der Fülle in der Leere

das *Fünfarmige Delta*
von Octavio Paz erkunden
MIT HÖLDERLIN WACHEN

lachen in rauchumwölkten Gedanken
süssen Wein trinken
LUST UND LEBEN LIEBEN

•

Nur die Möglichkeit des Irrtums macht
dass man die Wahrheit ernst nehmen kann
mindestens wie eine Welle
einen Windhauch
ein Blinzeln der Sumpfdotterblüte

müh dich nicht ab Menschlein
Wahrheit Weisheit zu ersinnen
der Schmetterling weiss mehr
blumenbesuchend die Sonne liebend
T A N Z E N D

Menschlein du weisst nichts

•

Auf den Notenlinien des Seins
begegnen sich Hydrozoen und Oboen
Kierkegaard Li Tai Po
Feuerschlucker Salamander
entfesselte Gegensätze des Chaos
eine verschattete Vollkommenheit

ALL DIES ZU SINGEN MIT DIR

•

Trunken tanzend Seeanemonen
Sonnen Wind Menschen
EKSTASE DER LIEBE
in der Muschel

das Aufblühen deiner Augen

mit dir *singen*
herzeins
mit dem Notenschlüssel der Träume

Jean Sibelius` Humoresken für Violine
und Orchester
ein Vogel auf der Schulter

ANBETUNG GESCHIEHT

.

Auge fliesst in Auge
gespensterschattig tränend
das Wort ist kalt wie ein Zahn
schlangenschlüpfrig

aus dem dunklen Kosmos
betört das Glockenspiel
einer Celesta
im Einklang mit Flöte
Violine und Harfe

KOMM ZU MIR!

.

Du bist die Musik in der Pappel
Lichtrest der Äonen
nah in der Ferne

Cepheiden tanzen auf deiner Zunge
Grenzenloses übt sich ein
für die letzte Täuschung
es zählt alles
der Stein die Welle die Umarmung
das Schweigen
dein ruheloser Geist

.

Tänzerinnen wiegen und biegen sich lasziv
wie Algen wie Galaxien
im Singen und Klingen
im Muschelgesang
in deiner Hand

wie schön
Erinnerungen zu vergessen
im Schattenwald
im verlornen Land
hinter der Zeit

.

Flammen der Nacht
auf der Traumzunge
in der Herzensuntiefe
wortlos bildlos
verloren im Schrei
des Seins

20

des dunklen Gongschlags des Nichts

mit der Leiter
des Worts
himmelhinauf
höllenhinunter
zentrifugale Stunde

    ursachlose Zusammenhänge
    wie verirrte Vögel am Himmel

einfach und leicht
das Schwere

Einheit im Zerfall

    •

Träume verflochten mit Nacht

zu schweigen im Wahnsinn
zu singen im Wahnsinn

deinen Atem bewohnen

im Arrak WELT erkunden
im Glyzinienblau
mit Schiwa tanzen
Gegensätze umarmen küssen
endlich nichts mehr wissen
GEWICHTLOS WIND SEIN

    •

Dein Wesen im Andante der Nacht
in der Odyssee im Teichrosenweiss
im Singen des Kometenschweifs
ich finde dich
in den Trillern der Sterne
IN DER SEINSBLENDUNG

aller Zufall fällt weg
aber *dein Wesen* bleibt bestehn

.

Sonnenaufgänge Sonnenuntergänge
sind dein Puls dein Lidschlag

vor dem Abgrund
im Schaukelstuhl sitzen
Gedichte von Pablo Neruda lesen
Luigi Boccherini hören Joan Miró sehen
AN DICH DENKEN
weinen und lachen
dazusein

.

Dein Herz eine Mandoline
Soloinstrument des Universums
unter den Baumriesen der Milchstrassen

mit Rosenöl
salbe ich dich
singend
achte lichtirr
der galaktischen Schatten nich

·

Ich erblicke dich
uraltes Symbol
dunkelhäutige Geistidee
im nächtlichen Wiedererkennen

die Feuerfunken
erzählen vom dem was i s t
vom anfanglosen Dasein
in uns

        aus dem Chaos
steigst du empor zu mir
in meinen Lebensstoff
in die Algenzellen der Lust

das Mühlrad
steht am Meteorstrom
und singt von Sumpfweidenröschen
Chamäleons und Waldohreulen

die Sonne geht
im Cocktailglas des Himmels unter
mir wird schwindlig vor Freude
ich liebe das Leben liebe die Liebe

    DER SONNENGOTT TANZT

·

Was *philosophisch* ist
weiss ich nicht
ich kenne keine Wahrheiten Wissenschaften
hab keine Glaubensüberzeugungen
ich liebe das Lachen der Blumen
die verwunderlichen Ganglien des Himmels
liebe Rotkehlchen Laubfrösche Sterne
und MIT DIR zu tanzen
in der Muschel
ist mein grösstes Glück

•

Mit schlanken Fingern
greift das Nocturne
in die Welt
versilbert tanzt die Spinne
im Sternengespinst
und wie ein Harfenglissando
verzaubert ein Lächeln
dein Gesicht

wir wollen zusammen
von Sonne zu Sonne ziehn
Wind sein überm Strom
Glockenton der zur Liebe ruft
mit dem Wissen des Schilfrohrs
sich im Schweigen wiegen

schau
dort in der Ferne
vollendet sich alles

•

Ich *atme* sie
Aktion und Kontemplation
die Sprache sind Augen
die weit sehen
ununterscheidbar Wirklichkeiten
und Täuschungen

mit dem Herzen sehen
ans Unermessliche pochen

vergessen wir
den Lebensanfang das Lebensende
im Kuss der Schöpfung
e i n s werden
in seliger Ruhe
überstürzender Bewegung
SINGEN AUFFLAMMEN
in liebender Hand

●

ZWISCHEN DIR UND MIR
DAS RIESENRAD DES
UNIVERSUMS
DIE HERZFÖRMIGE
SCHATTENBLUME
DES NICHTS
TRAUMTRUGDOLDEN
IRRFIEBRIG
WAHNGEKRAUST
LIEBE LEBEN IN UNS

●

II
Orgelkorallen

DICH ZU FINDEN
IM CEMBALOKONZERT
in Amöben Pilzen Kieselalgen
ich mache mich auf
dich beim Anfang der Zeitskala zu suchen
in den Hintergrundstrahlungen des Universums
ich ruhe nicht
bis ich deinen Sumpfwaldfarben nahe bin
rastlos mit tausend mystischen Fäden
auf Traumnervenbahnen
nichts kann mich hindern
DICH ZU FINDEN
IM CEMBALOKONZERT

.

DER WALDKAUZ SPIELT PANLFLÖTE
sphinxisch verträumt WISSEND
Meere Sterne Wälder Wüsten sind berauscht
im Urknalllied
der menschliche Atem stockt
die verdunkelte Welt verlor den Atem
Fieber umrankt das Sein das Nichts
DER WALDKAUZ SPIELT PANFLÖTE

.

ICH VERNEIGE MICH VOR EUCH
farbtrunknes fallendes Baumblatt
weit wandernde Sonne
wunderbarer Regentropfen
märchenspinnender Igelfisch
ihr alle singt und springt
klingt und schwimmt

lebt und bebt und schwebt
ich liebe euch verstehe euch
umarme kose küsse euch
ICH VERNEIGE MICH VOR EUCH

•

TRÄUME WINDE SONNEN
IM TRINKGEFÄSS
sich zu berauschen bereit zur Anbetung
von Musik Geist und Lust
im Feuer der Nacht

wir widerstehen uns nicht
beginnen enden ineinander
in den Strömen des Universums
im Gesang des Gelbkehlpirols

TRÄUME WINDE SONNEN
IM TRINKGEFÄSS

•

DEINE AUGEN ORGELKORALLEN
Klang und Schönheit in Vollendung

im Gaukelspiel des Seins
blitzt verzauberte Erkenntnis auf
zinnoberrot gleissend weiss
bacchantisch tanzend

DEINE AUGEN ORGELKORALLEN

.

DEINE LENDE
FLAUMIGE LEICHTIGKEIT
wie eine Galaxie
träumend sich reckend
bei sinkender Abendsonne
hinter der Hecke körperumkörpert
in der Weitschweifigkeit der Lust
DEINE LENDE
FLAUMIGE LEICHTIGKEIT

.

VIELGESICHTIG DIE WELT
vor mir in mir
Trauben Wolken Vögel Bäume
van Gogh Mörike Platon Schumann
das Singen der Dinge
glockenhelles Blumenblau
geisterhafte Rochen
Philosophie des Seins
tänzerische Papierschlangen der Illusion
VIELGESICHTIG DIE WELT

.

IM WIRRSAL VERSPINNT
DIE METAMORPHOSE
Tiere Pflanzen Steine Sterne Menschen
gestaltverwandelt Eins im Andern
oleanderbuschig traumirr
rosagefärbt der Haarschopf
von weit her kommend

wir schauen uns an
verstehen was nicht zu verstehen ist
verwirrt nackt umarmt

tief fraglos geworden

ICH SAGT D U
IM WIRRSAL VERSPINNT
DIE METAMORPHOSE

.

IN DER AUSDEHNUNG
IN SICH SELBST VERSINKEN
auffliegen niedersinken in den Kern

die Wahrheit des Körpers
ist ein Gleichgewicht
mit dem Universum
IN DER AUSDEHNUNG
IN SICH SELBST VERSINKEN

.

LEISE KOMMST DU ZU MIR
kaum ein flüchtiges Geräusch
lautlos stumm
still wie das Regenbogenlicht
unhörbar wie Regulus` hinterm Horizont
wie Berenikes wehendes Haar

wo ist dein Gesang geblieben?
mir ist sehr bang

LEISE KOMMST DU ZU MIR

·

IN ROT GRÜN BLAU GELB WEISS
im Sumpfwaldmorastbraun
in Vogeltrillerfarbkaskaden
die Welt tanzt für dich
erfindet stets neu die Sonne
den Wind das fischsilberne Firmament
du bekommst unzählbare Welten geschenkt
IN ROT GRÜN BLAU GELB WEISS

·

BILDER DER LIEBE

wer endlich SIEHT
sieht die Wahrheit
dass es keine Wahrheit gibt
es gibt nur *Gemälde*
von Lotosblüten Visionen Ekstasen
von Wirklichkeiten Täuschungen
leere Formen Erleuchtungen Transformationen
Energien Leidenschaften
BILDER DER LIEBE
GESÄNGE VON DIR

in deinem Atem *offen* sein
für die Einheit von Leere und Erscheinungen
AUF DEINEN LIPPEN
DIE SEGEL HISSEN
dem Licht vertrauen
so zu tun als ob es Erkenntnis gäbe

umherirren sich finden
lachen weinen meditieren
mit Regentropfen tanzen
w a h r n e h m e n
BILDER DER LIEBE

•

DER SEGELKÄRPFLING
IM WEISSKLEEKELCH
trinkt Brandy
zwei Doppelsterne
rotieren berauscht umarmt
im Violoncellobauch
ein Sophist kratzt sich im Haar
er mag es nicht zu denken
dass der Mensch ein erkennendes Wesen sei
da dünkt ihn die Welt zu schlecht
die ganze Philosophie ein Narrenzepter
eine Schiffschaukel ein Riesenrad
eine Geisterbahn ein Wachsfigurenkabinett

der Borstenwurm ist authentisch
die Choralnotationen Herzpulsfrequenz
trinken wir Brandy wie
DER SEGELKÄRPFLING
IM WEISSKLEEKELCH

•

WIR STÜRZEN INEINANDER
aufflammend leibanleib
irrwindig in der Mitte

nackte Blendung
der Gestirne der Beine
schäumend im Ozean der Augen
feurig zusammengeballte Substanz
der Gestalten der Figuren der Wurzeln

Atome und Galaxien verlieren sich in dir
unausweichlich ausschliessend
*ein*schliessend die Vielheiten
DAS EINE
unbewegt im Strömen
WIR STÜRZEN INEINANDER

●

FARBTÖNE FEUERHÄNDE
LUSTSEQUENZEN
jagen sich abwechselnd gleichzeitig
in fremden Koordinatensystemen
in nie gesehnen Luftsprüngen
in der Glut des Cigarillos

Antiochos von Askalon besucht das Hurenhaus
neben dem Bethaus
Erlösungssehnsucht hüben und drüben
Weltanschauungen taugen für nichts
als zu *verbrennen*
zu s i n g e n
FARBTÖNE FEUERHÄNDE
LUSTSEQUENZEN

●

ERSCHÜTTERT VON DER SCHÖNHEIT
DES SEINS
deines Körpers deines Atems
in den Sinfonien des Winds
in den Träumen des Weihrauchs der Blumen
der Tiere
der Melodien Ozeane Sterne
im Purpurrot des Weins dich umarmen
ERSCHÜTTERT VON DER SCHÖNHEIT
DES SEINS

III
Rauschbeeren

Die Milchstrasse
eine Libelle
in deinen Augen

Nacht umhüllt
Schweigen

die Quelle
auf der Zunge
singt Liebe

Wind springt
mit Wellen

im Traumriss
flammt das Wort auf
das uns findet

das bauchige Weinglas
an den Lippen

in der Armbeuge
ruht das Weltall aus
nach all der Flammenhetze

der Vogel
erkennt
und fliegt fort

buddharundbäuchig
das Lachen

Wolken spielen
Mandoline Laute
Banjo Bratsche
der Himmel
feiert Liebe

deine Wimpern
geflügelte Sonnenscheiben
Binsenrispen

mit dir
an letzte Küsten
segeln
einzuschlafen
in der Wasserrose

moorige Rauschbeeren
in dunklen Sternhaufen
finden

aufsteigen
niedersinken
in der Lust
anbeten

mit dir
sich zu verirren
zu verwirren

Irrlichtertanz
des Geistes

atemumarmt
zusammen
zwei Schritte wagen

Jahreszeiten
Jahrmillionenzeiten
gehupft wie gesprungen

sich vor Gott
und dem Käfer
verneigen

die Theorbe üben
fürs grosse Fest
nackt

wir lächeln

ich bin
der Liebesbrief
den du liest

geistig
diaphan werden

der Fisch
der Vogel
die Sonne
du
wir lieben uns

irr gleissend hell

komm
danken wir

der Mensch
ein Span
des Seins
da liegt er

Leben
Traumfarben

Liebe
ein giftiger Tropfen
Lebensspuren
Seinsspuren
Liebesspuren
so leicht so leicht

leidenschaftliche Nähe
in dieser Entfernung

mit dem Cleversulzbacher
Turmhahn
spähen
in Nacht und Wind

Quasare
Blumenwiesen
deinen Körper
schmecken

hundert Jahre Leben
trunken schmetterlingsleicht
und vorbei

die Wucherblumenwurzeln
fragen
ihre Zungenblüten

die Lebenslust
eine Blattrosette

Albatros sein

nur Gimpel
kommen
in den Himmel

Atemflammen
in der Elegie
des Feuervogels

im Gesang
expandiert
das Weltall
Widerhall
im Stein

wie ein Flötenton
die Ferne
nah in dir

niederzustürzen
in Liebe
brandinbrand

mit dir
auf dem Kopf
stehn
endlich letztes Wissen
vergessen

der Wahnsinn
des Geistes
ist mir süsser Wein

o Schmerz
der Schönheit

Unsichtbares
wahrnehmen

mit Gedichten
und Novellen
von Mörike
unterwegs seins

sich nicht
berühren lassen
vom zunehmendem Schatten

leichtfüssig
schwermütig

mit dir
fortfliegen
auffliegen
zur Vereinigung

zwischen Cembalotönen
Gondel fahren

das Nebelhorn
hören

das Liebesmuschelgeheimnis
tragen wir
in uns

Blume
leuchtend
wie Phosphor
in der Nacht

und immer wieder
der FISCH
in dir

Weissdorn
in der Kantilene

wach
werden

der Zeisig
sucht sich
den Gesang
mattglasige Wörter

Klanggeschlecht

wie ein Kerbelfeld
das Schweigen

vorwärtskriechen
weglurchen
rückwärtsstachelaalen
krummhornblasen
es gilt zu *leben*

Doppelsterne Scorpii
legt euch
zu mir
ins Bett
wir lieben uns
zu dritt

Schönheit
überstürzend
im Sein im Nichts

im Orgasmus

dein Ohr
ein Segelschiff
im fernen Adagio
das Universum
ein klassisches Kammerkonzert

ausser sich sein
ist ein Insichsein

•

Edition Lucrezia Borgia

Paul Gisi: Lyriker, trinkt gern Wein, liebt die Liebe und die Träume, liebt das Leben, liebt klassische Musik und Belcanto, liebt das Denken («tagsüber, nachtsüber – tagsunter, nachtsunter»), liebt die Freiheit, liebt Tuschbilder des Zen-Meisters Sengai und van Gogh, liebt Gedichte von Mörike, liebt Mozart und raucht gern Aristophanes`sche und Xenophanes`sche Pfeifen.

www.zackenbarsch.ch